Voor Len, die ook niet mopperig is (echt niet!)
– S.S.

Voor Mel, die me opvrolijkt als ik mopperig ben en me aan het lachen maakt wanneer ik dat het hardst nodig heb!
– C.P.

Oorspronkelijke titel: I'm Not Grumpy!

Oorspronkelijk uitgegeven in Groot-Brittannië in 2019 door Little Tiger Press Ltd,
een imprint van de Little Tiger Group
1 Coda Studios, 189 Munster Road, Londen SW6 6AW

Nederlandstalige uitgave:
© 2019 Veltman Uitgevers, Energieweg 3, 3542 DZ Utrecht
Vertaling: Ellen Hosmar/Vitataal
Redactie en productie: Vitataal, Feerwerd
Opmaak: De ZrIJ, Maarssen
Omslagontwerp: Ton Wienbelt, Den Haag

Gedrukt in China

Voor meer informatie: www.veltman-uitgevers.nl

ISBN 978 90 483 1730 1
Batchcode LTP/1400/2404/0918

IK BEN NIET MOPPERIG!

Steve Smallman · Caroline Pedler

Veltman Uitgevers

Muis was heel erg mopperig.
Toen hij naar buiten wilde gaan, zag hij dat er
EEN GROTE HARIGE BIPS voor de deur van
zijn eikenboom zat!
'OOK DAT NOG!' mopperde hij.
Hij klom uit het raam om te kijken
wat er aan de hand was.

Toen viel er – splet – een druppel water op zijn neus.
'REGEN!' zuchtte hij, 'OOK DAT NOG!'

Maar het was geen regendruppel.
Het was een traan van een heel verdrietige das.

'WAAR IS MIJN MAMA?' snikte ze.
'Weet ik veel!' riep Muis.
'Ik help je wel met zoeken, als jij
ophoudt met dat GESNOTTER!'
Kleine Das hield op met huilen.
Toen pakte ze, met een snik,
Muis z'n pootje vast en ze
gingen op pad.

Even later vloog er een vlinder voorbij.
'MOOI!' riep Kleine Das en ze rende erachteraan.
'STOP!' gilde Muis.

Maar toen Kleine Das stilstond, wist Muis de weg ook niet meer.
'OOK DAT NOG,' mopperde hij.

'Hallo,' zei een eekhoornstem, 'ben jij niet die mopperige muis die in de oude eik woont?'

'IK BEN NIET MOPPERIG!' zei Muis mopperig.

'Ik probeer deze kleine das terug te brengen naar haar moeder.'

'Wat aardig!' zei Eekhoorn. 'Mijn vriend weet vast wel waar de familie Das woont. Kom maar mee!'

'Joehoe, Eekhoorn,' zei Uil.
'Wat een schattige das! O, en je hebt een lunch meegenomen.'
'IK BEN GEEN LUNCH!' bromde Muis.
'Ik zie het,' knikte Uil. 'Jij bent die mopperige muis. Ik eet geen mopperige muizen, die zijn veel te zuur.'
'Eigenlijk,' zei Eekhoorn, 'probeert hij Kleine Das naar haar moeder terug te brengen!'

'Volg mij maar,' zei Uil.
'We moeten opschieten,
want het bos is gevaarlijk
als het donker wordt!'

Ze liepen achter Uil aan, steeds verder
het bos in. En toen

– splet –

viel er een druppel op de neus van Muis.
'Je zou toch ophouden met huilen?'
mopperde Muis.

Maar het was geen traan,
het was een regendruppel!

'OOK DAT NOG!'
mopperde Muis, terwijl de regenbui losbarstte.
'We moeten Kleine Das droog houden,' zei Uil.
'Natte dassen worden verkouden.'
'O, nee!' riep Muis. 'Heeft iemand
een paraplu?'

'Jullie mogen wel onder mijn
buik schuilen,' zei een
grote bruine beer.
'Maar wat doet die mopperige muis
hier met Kleine Das?'

'Hij probeert haar thuis te brengen,'
zei Eekhoorn vlug.
'Wat een goede vriend!' zei Beer.
Muis bloosde. Niemand had hem
ooit een vriend genoemd.

Toen de regen ophield, vertelde Beer welke
kant ze op moesten.
'Jullie moeten opschieten,' zei hij,
'het wordt al laat!'

Ze liepen verder. Het werd steeds
donkerder in het bos. Kleine Das gaapte.
'Ze is moe!' zei Eekhoorn, terwijl ze in de
schaduw van de bomen liepen.
'Ze had allang in bed moeten liggen,' zei Uil.

'DAT WEET IK!' riep Muis.
'Ze is MOE, ze heeft HONGER, ze is BANG.
EN ZE MIST HAAR MOEDER, EN HET
WORDT AL DONKER, EN...
Ik weet niet wat ik moet doen!' snikte hij.

'Stil maar,' zei Eekhoorn.
Uil spreidde zijn vleugels. 'Ik weet wel wat jij nodig hebt.'
'Een KNUFFEL!' riep Kleine Das.

Muis voelde zich een beetje raar. Mopperige muizen
zoals hij krijgen niet zo vaak knuffels.

Opeens hoorden ze iets ritselen in de bosjes.
'Mama?' riep Kleine Das hoopvol.
Maar het was Mama Das niet. Het was...

... een **WOLF!**

Hij sloop dichterbij en likte aan zijn lippen.

'Kijk eens wat we hier hebben!' grinnikte hij.
'Een eekhoorn als voorgerecht,
een das en een uil als hoofdgerecht en
een muis als toetje!'

'IK BEN GEEN TOETJE!'

riep Muis boos.

'EN JE MAG MIJN VRIENDEN NIET OPETEN!'

'Wie zegt dat?' zei de wolf met een grijns.

'IK!'

riep Muis.

'EN IK!'
riep Uil.

'EN IK!'
riep Eekhoorn.

'EN IK!'

riep Mama Das.

De wolf zag hoe boos ze keek,
en ging er gauw vandoor.

Mama Das gaf Kleine Das
een dikke knuffel.
'Bedankt dat jullie haar
thuis hebben gebracht!'

'Het was Muis z'n idee,' zei Eekhoorn.
'O, nou, bedankt, meneer... Wacht eens even,' zei Mama Das. 'Ben jij niet die mopperige muis die in de eikenboom woont?'

'Voor de laatste keer,' zei Muis boos,
'IK BEN NIET MOPPERIG...'

'... tenminste, niet meer!'
En voor het eerst sinds lange tijd glimlachte Muis.
'Want nou heb ik vrienden,' zei hij.
'En dat is PRECIES WAT IK NODIG HEB!'